聞くだけ!

最恐ストレスから あなたの 自律神経を 守りぬく CDブック

埼玉医科大学教授
和合治久

CDに収録されている曲

1 自然音 ～清らかな川の調べ～
2 自然音 ～小鳥たちのさえずり～
3 弦楽四重奏曲 第17番 変ロ長調 K.458「狩り」 第2楽章（作曲:モーツァルト）
4 ヴァイオリン協奏曲 第4番 ニ長調 K.218 第3楽章（作曲:モーツァルト）
5 ディヴェルティメント 第1番 ニ長調 K.136 第2楽章（作曲:モーツァルト）
6 思いが叶う日 （作曲·演奏:中村由利子）
7 はじまりの空 （作曲·演奏:中村由利子）

音源制作
USEN
JASRAC R-1710900TP
NAXOS JAPAN INC

CDについて
●CDは、オーディオ機器や、音楽CDに対応したパソコンにセットして再生してください。
●このCDを権利者に無断で複製、放送、レンタルに使用することは、法律で禁止されています。

Introduction

はじめに

〝今、あなたにはストレスがありますか？〟と聞かれたとき、〝ありません〟と答える人はほとんどいないのではないでしょうか？

過大なノルマを課せられたり、常に納期に追われていたり、パワハラを受けたりといった職場でのストレスや、子育てや夫婦間の問題からくる家庭でのストレス、猛暑や寒波といった異常気象などの環境によるストレスと、現代社会はストレスの要因であふれています。２０１５年12月には労働安全衛生法にもとづき、職場でのストレスチェック制度が義務化され、いまやストレスはわが国でも深刻な問題です。

私たちはストレスを感じていても、つい放置してしまいがちですが、実はストレスはいくつも重なると、心だけでなく体もむしばんでいき、命にも危険を及ぼす重大な病気の引き金になります。これは最近〝キラーストレス〟とも呼ばれています。

ストレスがかかると、自律神経のうちの交感神経が優位になり、ストレスホルモンが分泌されるといったストレス反応が起こります。これが続くと、高血圧や高血糖、血流障害などを招き、心筋梗塞や脳梗塞といった危険な病気を引き起こすのです。そうならないためには、ストレスを原因から断つのが一番ですが、仕事を簡単に辞めるわけにはいきませんし、家庭を放り出すこともできません。

また、ストレスを発散するために、長期休暇をとったり、趣味の時間を増やしたりなどといったことができればよいのですが、忙しくてそれもままならない人も多いと思います。

そこで私がおすすめしたいのが音楽療法です。ある特定の音楽には、聞くだけで自律神経のうちのリラックスをもたらす副交感神経を優位にし、ストレス反応を抑える効果があります。そんな音楽を集めたのが今回のこのＣＤです。

乱れがちな自律神経をストレスから守るために。職場で聞けば、脳の疲労をとって集中力が高まり、仕事の効率アップにもつながるので、仕事で成功を目指す人にも有効なツールです。このＣＤで、心身を癒やし、ストレスに打ち勝ちましょう。

やっと乗れた…
ギュウギュウ
ガタンゴトン
おい！ 昨日のうちに
資料作れって言っただろ！
すみません！
ヤバイ！ ギリギリだ…
おはようございます！
今日も
やることが
山積みだ…
残業
しても
終わるかどうか…
評価
ノルマ

うわっ！
もうこんな時間か！
ただいま〜
明日は
休日出勤だな…
ヨロヨロ
ねえ！ 遅くなるなら
連絡してよね！
ご、ごめん！
明日は動物園
行けるよね！
そうだった！
ダ、ダメだ…ストレスで
胸が苦しくなってきた〜

大丈夫！まずは落ち着くのだ
ガッ！
私はこの本の最初に付いているCDだ！
……
ピカッ
私（CD）の良いところは
自然と体に効くところ！

私が奏でる音楽が好きでも嫌いでもかまわない！
君の体が勝手に音楽を受け入れてくれるのだ！
時にリラックス！時に集中など！聞けばわかる！さぁ、再生して！
いやいや、そんなわけ…
あるじゃ〜ん！
このCDがあればストレスも怖くない！

— contents —

CHAPTER 1

最恐ストレスが体をむしばむ

CHAPTER

2 ストレスには音楽療法が効く！

CHAPTER

3

効果的な音楽の聞き方

CHAPTER

1

最恐ストレスが体をむしばむ

ストレスはさまざまな不調を引き起こす、万病のもと

現代は、ストレス社会とも呼ばれるように、誰もがたくさんのストレスを背負って生活をしています。通勤中には、通勤ラッシュというストレスがかかり、職場に行けば、山積みの仕事や、ノルマ達成へのプレッシャー、パワハラ、人間関係のトラブルなど、さまざまなストレスがかかります。ほかにも、いじめやリストラへの不安、不況による先の見えない生活など、ストレスの要因はさまざまです。

ストレスは、さまざまな不調を引き起こします。後のページで詳しく解説しますが、ストレスがかかると、人間の意思とは無関係に作動する自律神経のバランスが乱れます。その結果、**免疫力の低下や、睡眠障害、うつ、ドライアイ、ドライマウス、肌荒れ、アレルギーなどをはじめ、生活習慣病や、がんなどの命の危険につながる重篤な病気に発展することもあります。**つまりストレスは万病のもとなのです。

こんなストレスが病気のもとに…

通勤ラッシュ

上司からの
叱責

夫婦間
トラブル

リストラ

どんなところにもストレスのもとがある

ストレスとは、もともとは物理学の分野の言葉で、物体の外側からかけられた圧力でゆがみが生じた状態のことです。ストレスを風船にたとえると、風船を指で押さえる力を〝ストレッサー〟、それによって風船がゆがんだ状態を〝ストレス反応〟といいます。人間に置き換えると、心や体にかかる外部からの刺激がストレッサーで、それに適応しようとして、心や体に生じるさまざまな反応がストレス反応です。

ストレッサーには４種類あります。人間関係や仕事上の問題、精神的苦痛などが〝精神的ストレッサー〟。暑さや寒さや騒音などが〝物理的ストレッサー〟。酸素欠乏や公害物質、栄養不足などが〝化学的ストレッサー〟、病原菌の侵入などが〝生物学的ストレッサー〟です。**精神的ストレッサーだけをストレスだと思いがちですが、環境や物理的刺激など、私たちは日々多くのストレスにさらされているのです。**

ストレッサーの4つの種類

物理的ストレッサー

騒音、暑さ、寒さ、眩しさ、暗さ、熱さ、冷たさ、混雑など。

精神的ストレッサー

人間関係、精神的苦痛、不安、悲しみ、恐れ、怒り、焦り、憎しみなど。

生物学的ストレッサー

ウイルスや病原菌の侵入や、病気、けが、寝不足、花粉など。

化学的ストレッサー

大気汚染、タバコ、アルコール、栄養不足、日用品に含まれる化学物質など。

ストレスを引き起こす3大感情悪とは

現代人が抱えるストレスの中でも、精神的ストレッサーによるものはとても多く、それを増大させているのが、〝不安〟〝悲しみ〟〝恐れ〟といったネガティブな感情です。私はこれを〝3大感情悪〟と呼んでいます。

現代社会には、この3大感情悪があふれています。たとえば、会社ではいつも仕事が山積みで、期限までに終わるのかという不安。あるいは、現在の給料で老後も暮らしていけるのかという不安を抱えている人も多いことでしょう。

また、職場や家庭などでの疎外感からくる悲しみや、自分は無価値な人間だと感じるような〝うつ〟に近い悲しみ、いつリストラされるかもしれないという恐れ、職場でのパワハラによる恐れなどを、常に抱えている人もいるでしょう。**これらの3大感情悪は、精神的ストレッサーになり、体をむしばむ大きな要因になります。**

ストレスを引き起こす3大感情悪

悲しみ

身近な人の死、別離、裏切りといった喪失･失望感などから起こる悲しみの感情。

不安

老後の心配や、仕事が片付くか気に病むなど、先行きを思い悩む不安の感情

恐れ

パワハラやリストラなど心身に危険が及ぶことからくる恐れの感情。

ストレスは脳の扁桃体《へんとうたい》を刺激する

ストレスがかかると、体でストレス反応が起こります。

真っ先に反応するのが、脳の〝扁桃体〟という部分です。扁桃とはアーモンドの日本語名で、扁桃体はその名の通り、アーモンドの形をした直径1㎝ほどの部分。感情に関係する〝大脳辺縁系〟という原始的な活動を司る部分にあります。

扁桃体は、不安や恐怖などを感じると、危険を察知して興奮状態になり、脳の視床下部という自律神経やホルモン分泌や情報伝達などを司る部分に、指令を送ります。その指令は、腎臓の近くにある副腎という内分泌器官と、自律神経系に伝えられます。この指令によって、体は危険に対応できるように活性化し、運動能力が高まります。つまり、昔は、このように扁桃体が興奮することで、人間は天敵から身を守ることができたのです。

しかし、天敵が存在しなくなった現代社会では、**日々のさまざまなストレッサーにより、扁桃体が過剰に興奮してしまっている**人が多数見られます。これが実は、命に関わる病気のもとになるキラーストレスを引き起こすのです。

次ページから、ストレスが、キラーストレスになってしまうメカニズムを、さらに詳しくお話ししましょう。

脳のしくみ

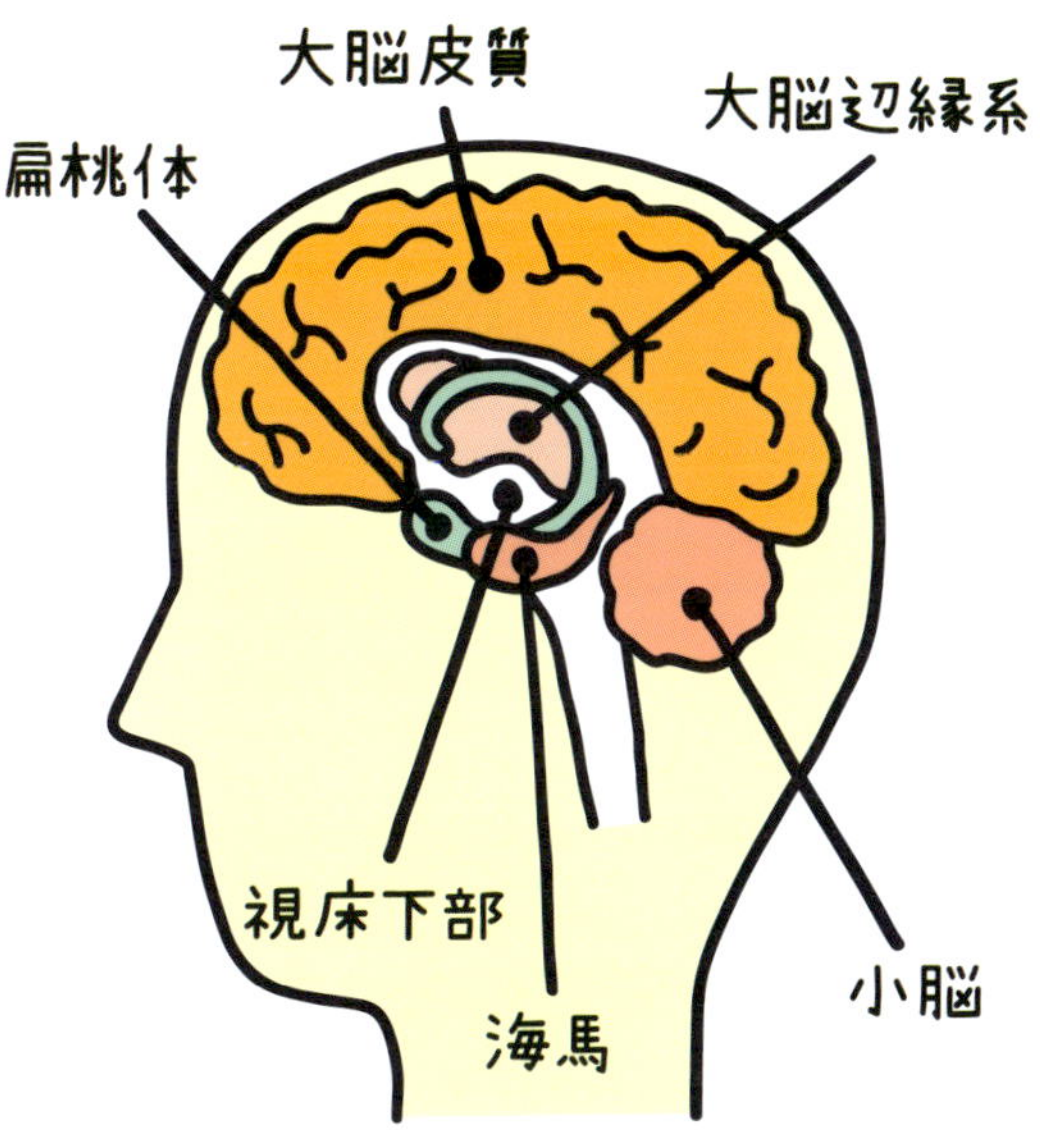

ストレスが体をむしばむしくみ ①

交感神経が優位になると、アドレナリンが分泌される

ストレスがかかり、扁桃体が興奮すると、視床下部に指令を送り、自律神経に伝えられます。

自律神経は、呼吸や心臓の動きや、血液循環、消化吸収活動など、生命維持に必要なすべての活動をコントロールする神経です。自律神経には、交感神経と副交感神経があり、交感神経は、活動モードのときに活発に働き、副交感神経は、リラックスしたときに働きます。

扁桃体が興奮して視床下部からの指令が自律神経に伝わると、交感神経が優位になり、それによって副腎髄質からアドレナリンというホルモンが分泌されます。すると、血管が収縮して、血圧が上がり、心拍数も増えます。

こういった反応が起きるので、ストレスがかかると、心臓のドキドキが止まらな

くなったり、血流が悪くなって血管が詰まりやすくなったり、低体温や冷え性になったり、不眠や高血圧、生活習慣病などにもなりやすくなるのです。

およそ35歳を過ぎると、ストレスがまったくない状態でも、交感神経が優位に働きやすくなります。そこにストレスも加わると、常時アドレナリンが分泌された状態になり、これが続くと非常に危険です。

2つの自律神経のおもな働き

体を休息モードにする **副交感神経**が優位になると	体を活動モードにする **交感神経**が優位になると
↓	↓
●心拍が遅くなる	●心拍が速くなる
●血圧が下がる	●血圧が高くなる
●血管が拡張する	●血管が収縮する
●筋肉が弛緩する	●筋肉が収縮する
●だ液の分泌が増える	●だ液の分泌が減る
●胃腸の動きが促進する	●胃腸の動きが抑制される

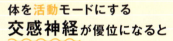

ストレスが体をむしばむしくみ②

ストレスホルモン〝コルチゾール〟が分泌される

不安・恐れ・悲しみなどといったネガティブな感情によりストレスがかかり、扁桃体が興奮すると、その指令が副腎に送られます。すると**副腎皮質から、ストレスホルモンとも呼ばれる〝コルチゾール〟というホルモンが分泌されます。**

血液中のコルチゾールの濃度が上がると、血糖値が上がるため高血糖になり、血流が悪くなります。免疫機能も低下し、病気にかかりやすくなるうえ、体が興奮状態になるので睡眠障害にもなりやすくなります。また、消化液など、体の粘液の分泌も低下するため、胃潰瘍などの胃腸トラブルも起きやすくなります。

さらに、血液中のコルチゾール濃度が高い状態がずっと続くと、脳の短期記憶を司る部分である〝海馬〟という部分がダメージを受けて萎縮したり、脳細胞の減少を招くので、うつや認知症にもなりやすくなってしまうのです。

ストレス反応の2つのルート

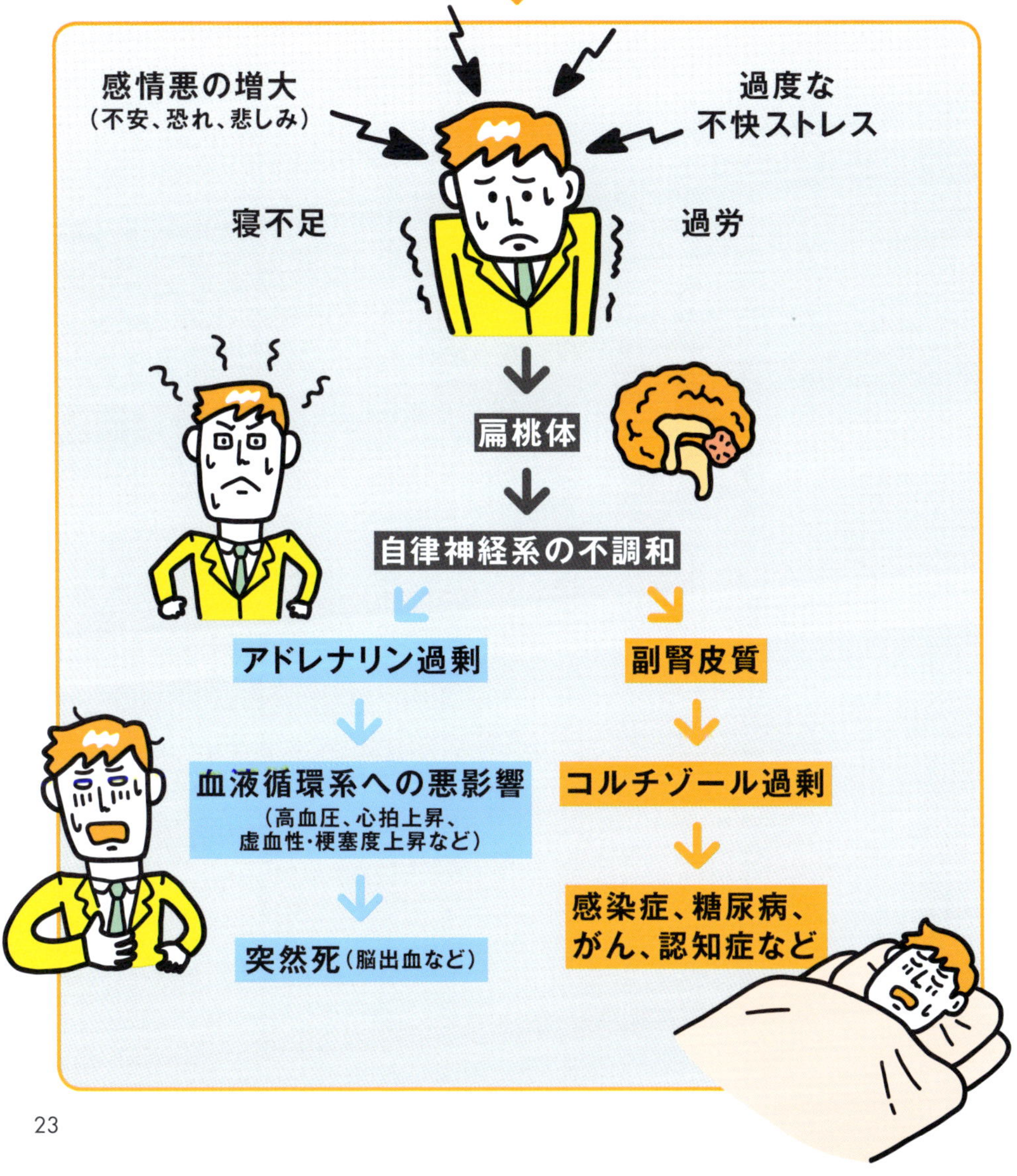

ストレスが命にも危険を及ぼすメカニズムとは

これまでにお話ししたように、ストレスがかかると、**①アドレナリンが分泌される、②コルチゾールが分泌される**という2つの反応によって、体にさまざまなトラブルが起きます。ただ、この反応は、ちょっとしたストレスがかかったときならすぐに収まりますが、**同時に複数のストレスがかかって許容量を超えると、ストレス反応が暴走します。**

すると交感神経が優位な状態で血管が収縮しているところに、コルチゾールの分泌によって血糖値が上がるので、血液がドロドロになって血管が詰まりやすくなります。**その結果、脳梗塞や心筋梗塞などといった、命に関わる虚血性疾患を引き起こしてしまうのです。**

さらにストレスによって交感神経が優位になると、免疫細胞の代表であるＮＫ細胞やほかのリンパ球の働きが弱まるうえ、体内の活性酸素も増え、**がんになるリスク**

も高まります。こうしてストレスは、命に危険を及ぼすキラーストレスになっていくのです。

自分は、それほどストレスが多くないと思っている人も多いかもしれませんが、そういう人ほど要注意です。身内の死や離婚、会社の倒産などといった大きな出来事だけでなく、長期休暇や昇進・昇格、結婚などといった悪くない出来事でも実はストレスになり、また、ちょっとした生活習慣の変化といった小さな出来事もストレスになります。実際には複数のストレスがかかっているのに、自覚がない人のほうが突然重大な病気を起こすことがあり、注意が必要なのです。まずは次のページのチェックテストで、自分のストレスの度合いを調べてみましょう。

チェックしてみよう!

ものをチェックし、合計点を出してみましょう。

□ 労働条件の大きな変化	55点
□ 配置転換	54点
□ 同僚との人間関係	53点
□ 法律的トラブル	52点
□ 300万円以下の借金をした	51点
□ 上司とのトラブル	51点
□ 抜てきに伴う配置転換	51点
□ 息子や娘が家を離れる	50点
□ 結婚	50点
□ 性的問題・障害	49点
□ 夫婦げんか	48点
□ 家族が増える	47点
□ 睡眠習慣の大きな変化	47点
□ 同僚とのトラブル	47点
□ 引越し	47点
□ 住宅ローン	47点
□ 子供の受験勉強	46点
□ 妊娠	44点
□ 顧客との人間関係	44点

□ 配偶者の死	83点
□ 会社の倒産	74点
□ 親族の死	73点
□ 離婚	72点
□ 夫婦の別居	67点
□ 会社を変わる	64点
□ 自分の病気や怪我	62点
□ 多忙による心身の過労	62点
□ 300万円以上の借金をした	61点
□ 仕事上のミス	61点
□ 脱サラ・起業	61点
□ 単身赴任	60点
□ 左遷	60点
□ 家族の健康や行動の大きな変化	59点
□ 会社の立て直し	59点
□ 友人の死	59点
□ 会社が吸収合併される	59点
□ 収入の減少	58点
□ 人事異動	58点

CHECK! LIST

自分のストレス度を

以下の項目で、ここ1年間の出来事で、該当する

□ 妻(夫)が仕事を始める　38点
□ 食習慣の大きな変化　37点
□ レクリエーションが減った　37点
□ 仕事の予算がつく　35点
□ 長期休暇　35点
□ 職場の人数が増える　32点
□ レクリエーションの増加　28点
□ 収入の増加　25点

□ 仕事のペース、活動の減少　44点
□ 定年退職　44点
□ 部下とのトラブル　43点
□ 仕事に打ち込む　43点
□ 住宅環境の大きな変化　42点
□ 職場の人数が減る　42点
□ 社会活動の大きな変化　42点
□ 職場のOA化　42点
□ 家族メンバーの変化　41点
□ 子供が新しい学校へ変わる　41点
□ 法律違反(軽度)　41点
□ 同僚の昇進・昇格　40点
□ 技術革新の進歩　40点
□ 仕事のペース、活動の増加　40点
□ 自分の昇進・昇格　40点
□ 妻(夫)が仕事を辞める　40点
□ 仕事の予算がつかない　38点
□ 自己の習慣の変化　38点
□ 個人的成功　38点

合計点 260点以上
ストレスが多く、心身になんらかの問題が生じやすい要注意段階

合計点 300点以上
キラーストレス注意報! すでに病気が生じている可能性あり

資料／大阪樟蔭女子大学名誉教授
夏目誠氏らによる調査

column 1

こんな性格・性質の人はストレスをためこみやすい!

ストレスをためこみやすいかどうかは、その人の性格や性質も大いに影響します。ものごとをストレスに感じるかどうかは、“好き・嫌い”や“快・不快”という心の持ち方に大きく左右されるからです。ですから何事もあまり気にしない大雑把な人、おおらかな人などはストレスをためこみにくい傾向がありますが、逆に、**何事にもこだわる、完璧主義の人や生真面目な人、神経質な人**などはストレスを抱えやすい傾向があります。また、感じたままをそのまま口にしている人より、**思ったことを口に出せず、心にためこむ人**もストレスを抱えやすくなります。そのほか、**“時間に追われて忙しい”“競争を求める”“功名心が高い”“欲張り”** といった性質や行動パターンをとりがちな人も強いストレスがかかりやすい傾向があります。これは、“リラックスする時間がない”“イライラする”“敵意を抱きやすくなる”ということにつながるからです。こういった性格・性質に当てはまるなと感じる人は、キラーストレスにくれぐれも注意してください。

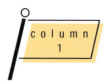

CHAPTER

2

ストレスには音楽療法が効く!

音楽療法ってどんなもの？

ストレスを撃退するために高い効果を発揮するのが音楽療法です。

音楽療法とは、音楽を聞いたり、演奏したりすることで、心身のトラブルを回復させたり、機能の維持をするセラピーです。

現代医学では、心身に病気や不調が生じたら、薬や手術などによって治療をします。一方、音楽療法は、こういった医療をサポートし、より効果を高めるために考案されました。現在では、**心身症や自閉症、胃潰瘍などの心身医療や、痛みや不安・恐怖の緩和などの緩和医療の現場**で用いられたり、認知症や耳鳴り・難聴などの脳神経障害の克服にも用いられたりと、さまざまな**医療現場で役立てられています。**

音楽療法には、歌ったり、楽器を演奏したり、踊ったりといった、筋肉の運動をともなう能動的音楽療法と、ある種の音楽を聞くことで心理的なリラックス効果を得たり、心身の不調を改善したりする受動的音楽療法の2種類があります。

また、音楽療法には、心理的働き、社会的働き、生理的働き、という3つの働きがあります。

心理的働きとは、音楽の心地よさによって心が癒やされたり、なつかしい曲を聞くと昔に回帰して心が穏やかになるような働きのことです。

社会的な働きとは、みんなで歌を唄って一致団結するなどというように、音楽を通して人と人とのコミュニケーションを円滑にする働きのこと。

生理的働きとは、ある音響学的な特性をもつ音楽を脳に浴びせたとき、その曲の好き嫌いにかかわらず、体がある反応を示すことです。

医療現場では、患者さんの症状に応じて、これらの3つの働きを組み合わせて治療の一環に用いています。

今回のこのCDブックは、**受動的音楽療法が手軽にできるツールで、聞くだけでストレスを和らげる生理的働きがあります。**

♪ 音楽が体に効くしくみ

1950年代に、フランスの耳鼻咽喉科のアルフレッド・A・トマティス博士は、音楽（音）の周波数が、人体のどの部分に対応するかを研究しました。博士が注目したのは、人間の脊髄は、部分ごとに、ある周波数の音に対応しているという事実。左ページの図のように、背骨がピアノの鍵盤のように縦に並んでいるイメージです。この学説は「トマティス理論」として、1957年に学会で正式に認められました。この理論によると、4000ヘルツ以上の高い音は延髄から上の脳神経に、2000〜3000ヘルツの音は頸椎に、750〜2000ヘルツの音は胸椎にというように、頭頂に向かうほど高周波数に対応しています。つまり**4000ヘルツ以上の高音ほど、脳に強い刺激を与え、免疫系やホルモン系、脳神経系などによい影響を与えます。**音楽療法がストレスに効くのは、このしくみが関係しています。

音の周波数と脊髄は対応している

脊髄は、ピアノの鍵盤のような並び方をしています。尾てい骨は一番低い250ヘルツの音が反響し、頭頂に向かうほど、高い音が反響します。脳に反響しやすいのは、4000ヘルツ以上の高い音です。

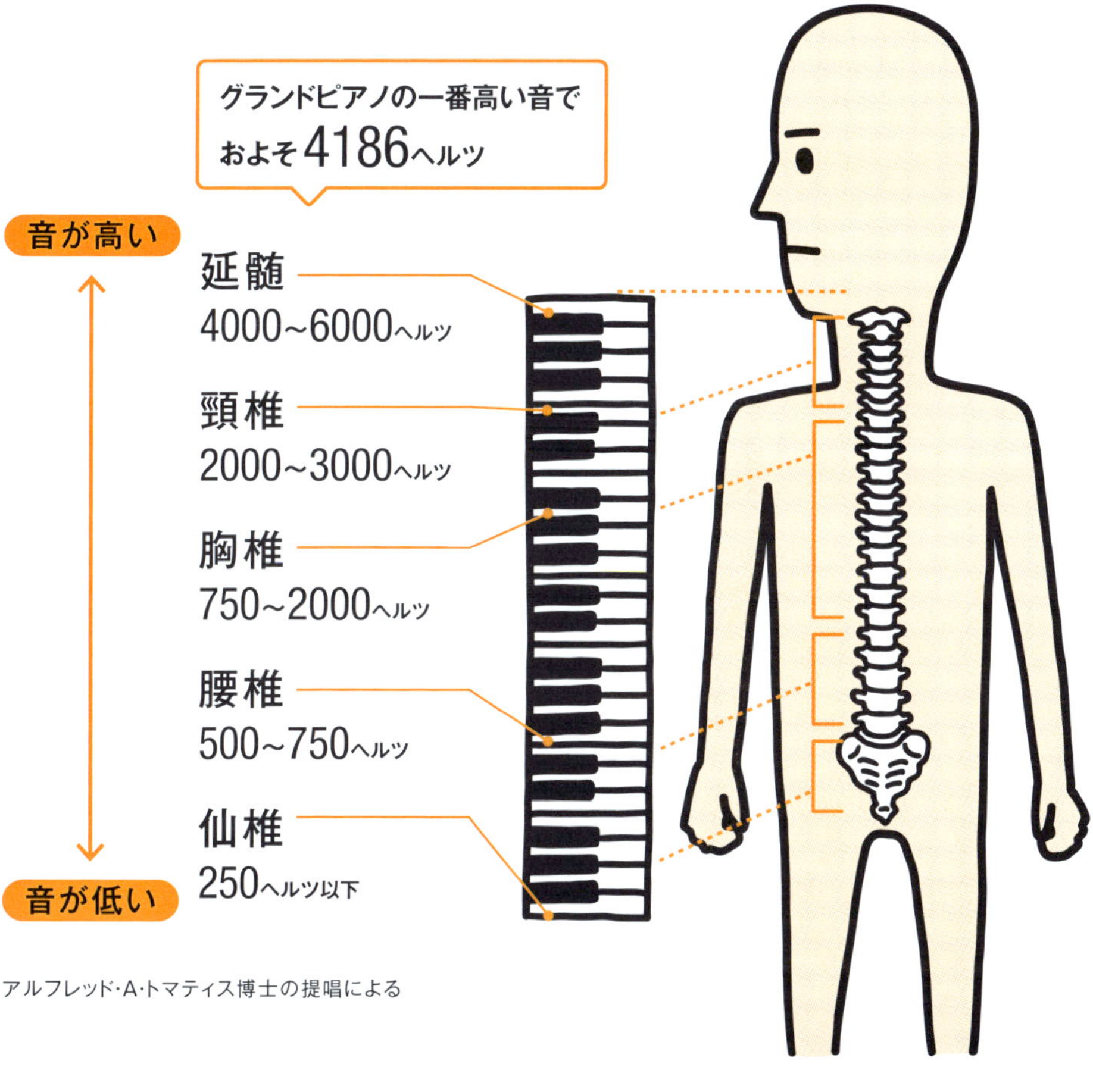

アルフレッド・A・トマティス博士の提唱による

音楽がストレスに効くしくみ①

副交感神経を優位にし、アドレナリンの分泌を抑える

音楽療法がストレスに効くしくみをさらに詳しく説明しましょう。

まずひとつが、自律神経への働きです。

およそ4000ヘルツ以上の高周波音をたくさん含んだ音楽は、聴覚神経から延髄や視床下部などの神経系を経由して、大脳皮質の側頭部にある聴覚連合野と呼ばれる部位に伝えられ、音楽として知覚されます。

視床下部は、自律神経やホルモンを支配する部分で、延髄は副交感神経の出る場所です。高周波音が含まれる音楽を聞くと、これらの場所が刺激され、副交感神経が優位になります。

第1章で、ストレスがかかると、交感神経が優位になり、その状態が続くとキラーストレスの引き金になっていくことをお話ししましたが、**4000ヘルツ以上の**

周波数を含む音楽を聞くだけで、副交感神経が優位になり、交感神経の興奮が抑えられるのです。

その結果、アドレナリンの働きによる、血管の収縮や、血圧の上昇や、心拍数の増加も抑えられ、キラーストレスを和らげるというわけです。

4000ヘルツ以上の周波数を多く含む音楽の代表が、モーツァルトの曲です。モーツァルトの曲は、4000ヘルツ以上の周波数を多く含んでいます。

それに加えて、川のせせらぎや風のそよぎのような一定のシンプルな音の繰り返しである「ゆらぎ」が多いうえ、音同士がぶつかりあって、より高い1万5000ヘルツ以上もの高い周波数を生み出す倍音という特徴もあります。

モーツァルトの曲を30分聞くと、だ液や消化液の分泌量が増えたり、体温が上がったり、血圧や心拍数が早く安定するという実験データがあります。これは副交感神経が優位になったことを示しています。

このように音楽療法は、聞くだけで手軽に自律神経のバランスを整えることができます。忙しくストレスフルな現代人にぴったりの方法なのです。

DATA

音楽療法によってだ液の分泌量が増加

▼だ液の分泌量を測定した結果

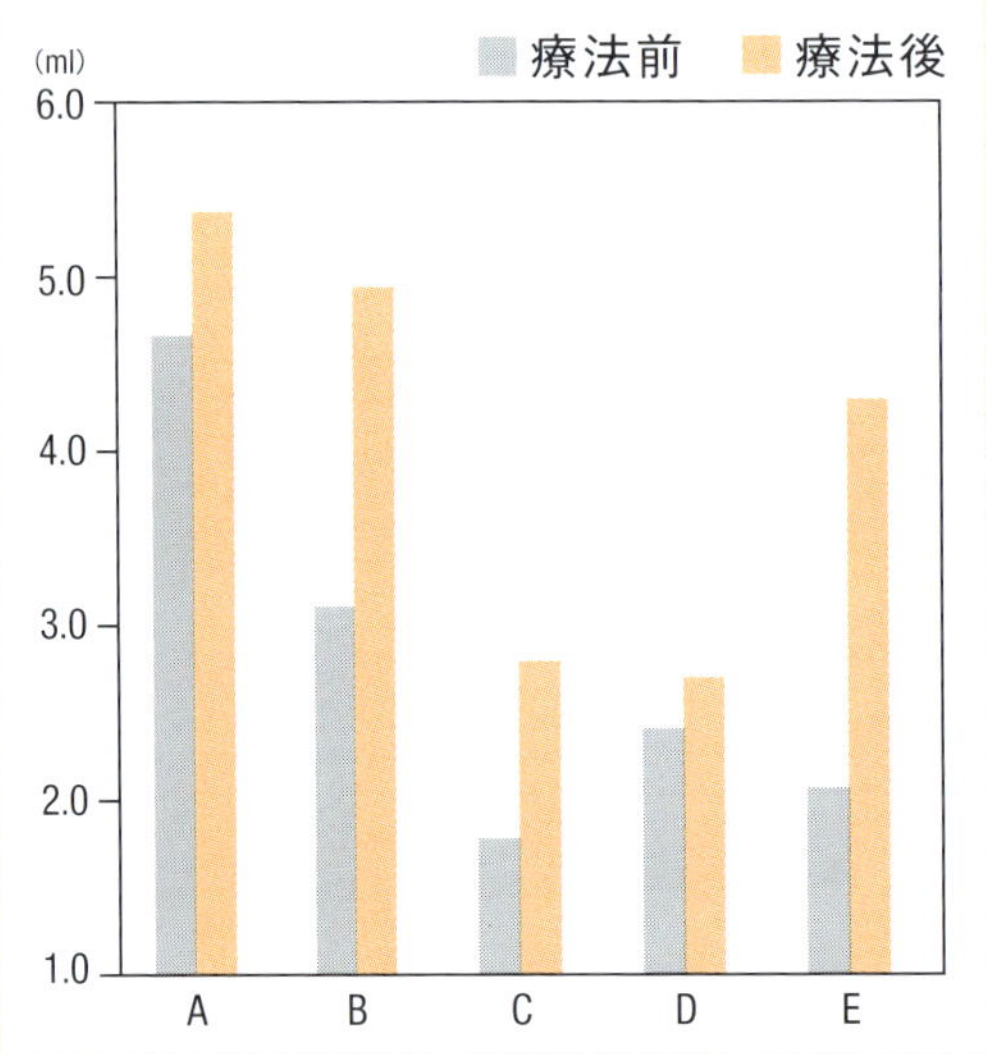

5人の被検者に、モーツァルトの4000ヘルツ以上の周波数の曲を30分聞いてもらい、聞く前後で、だ液の分泌量を測定。すると、聞いた後に、5人ともだ液の分泌量が顕著に増加（4分間奥歯で脱脂綿を噛んで調べた結果）。

※CD6、7曲目に収録されている中村ゆりこさん作曲の曲でも同傾向の実験結果が得られています。

結論

だ液量が増えてドライマウス改善、消化不良・糖尿病の予防にも

●この本をどこでお知りになりましたか?(複数回答可)

1. 書店で実物を見て　　2. 知人にすすめられて
3. テレビで観た(番組名：　　　　　　　　　　)
4. ラジオで聴いた(番組名：　　　　　　　　　　)
5. 新聞・雑誌の書評や記事(紙・誌名：　　　　　　　　　　)
6. インターネットで(具体的に：　　　　　　　　　　)
7. 新聞広告(　　　　　　新聞)　　8. その他(　　　　　　)

●購入された動機は何ですか?(複数回答可)

1. タイトルにひかれた　　2. テーマに興味をもった
3. 装丁・デザインにひかれた　　4. 広告や書評にひかれた
5. その他(　　　　　　)

●この本で特に良かったページはありますか?

[　　　　　　　　　　]

●最近気になる人や話題はありますか?

[　　　　　　　　　　]

●この本についてのご意見・ご感想をお書きください。

[　　　　　　　　　　]

以上となります。ご協力ありがとうございました。

郵便はがき

150-8482

お手数ですが
切手を
お貼りください

東京都渋谷区恵比寿4-4-9
えびす大黑ビル
ワニブックス 書籍編集部

お買い求めいただいた本のタイトル

本書をお買い上げいただきまして、誠にありがとうございます。
本アンケートにお答えいただけたら幸いです。
ご返信いただいた方の中から、
抽選で毎月5名様に図書カード(1000円分)をプレゼントします。

ご住所 〒 TEL(　　-　　-　　)	
(ふりがな) お名前	
ご職業	年齢　　歳
	性別　男・女
いただいたご感想を、新聞広告などに匿名で使用してもよろしいですか?(はい・いいえ)	

※ご記入いただいた「個人情報」は、許可なく他の目的で使用することはありません。
※いただいたご感想は、一部内容を改変させていただく可能性があります。

DATA
音楽療法によって体温もアップ

▼手の甲の温度を測定した実験

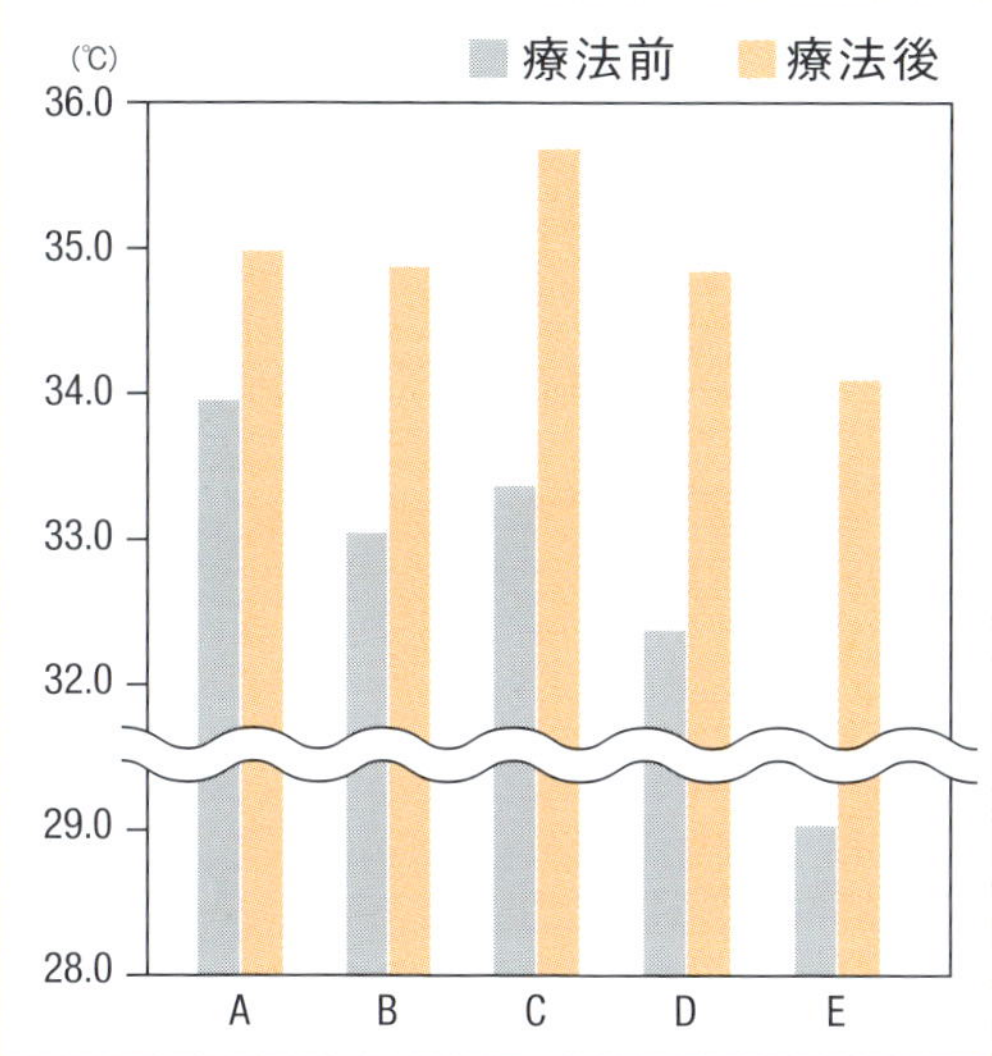

5人の被検者に、モーツァルトの4000ヘルツ以上の周波数の曲を30分聞いてもらい、聞く前後で、左手の手の甲の温度をサーモビューで測定。その結果、聞いた後に、5人とも体温が上昇。

※CD6、7曲目に収録されている中村ゆりこさん作曲の曲でも同傾向の実験結果が得られています。

結論
副交感神経が優位になり、血流がよくなったことで冷え性改善も

音楽がストレスに効くしくみ❷

ストレスホルモンの分泌を抑える

音楽療法がストレスに効く、もうひとつのしくみが、ストレスホルモンの分泌を抑えることです。

ストレスがかかって扁桃体が興奮すると、副腎皮質からストレスホルモン〝コルチゾール〟が分泌され、それによって高血糖や免疫機能の低下、うつなどを招くことをお話ししました。

高周波音の多いモーツァルト曲を、被検者に30分聞いてもらい、聞く前と聞いた後の被検者のだ液の成分を調べたところ、聞いた後にコルチゾールが減少することがわかりました。

音楽を聞くだけで、ストレスホルモンの分泌が抑えられ、キラーストレスの解消につながり、重大な病気を防ぐことができるのです。

DATA

音楽療法は、コルチゾールの分泌を抑える

▼ だ液中のコルチゾール量を測定した実験

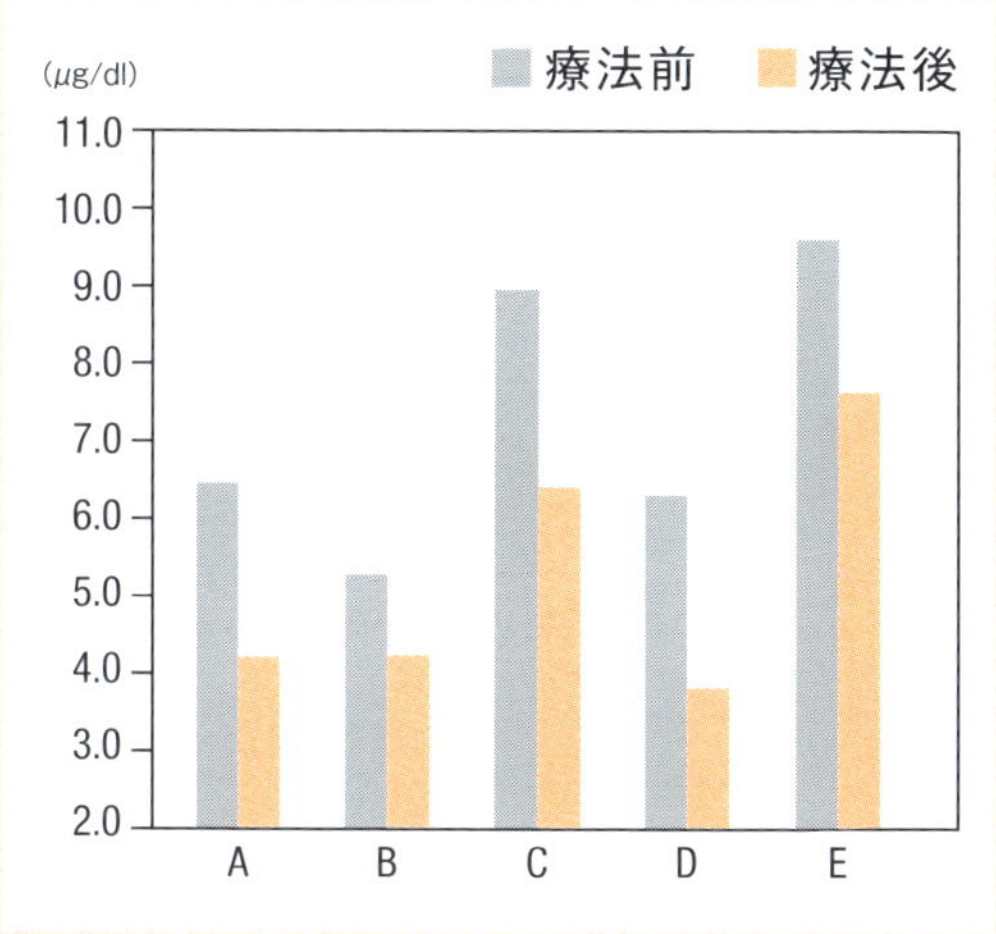

5人の被検者に、モーツァルトの4000ヘルツ以上の周波数の曲を30分聞いてもらい、聞く前後で、だ液中のコルチゾールの量を測定。すると、聞いた後に、5人ともコルチゾールの量が減少。音楽療法にコルチゾールの分泌を減らす作用があることがわかる。

※CD6、7曲目に収録されている中村ゆりこさん作曲の曲でも同傾向の実験結果が得られています。

結論

**ストレスホルモンと呼ばれる
コルチゾールが減ってストレス軽減**

音楽がストレスに効くしくみ③

免疫物質の分泌を増やし、病気にかかりにくくなる

ストレスがかかると、免疫力が低下し、さまざまな病気になりやすくなるため、命にも危険を及ぼす可能性が高まりますが、音楽療法には、免疫力を高める効果があることもわかっています。

高周波音の多いモーツァルトの音楽を聞くと、副交感神経が分布する延髄と、自律神経系の中枢である視床下部に効果的に作用し、延髄から出ている顔面神経や舌咽神経が刺激されて、だ液や涙がよく分泌されるようになります。

だ液や涙には、免疫物質である分泌型ＩｇＡや感染防御物質であるリゾチームなどが含まれますが、だ液や涙の分泌が増えると、これらの分泌濃度も増えるので、免疫力もアップします。**目や口から侵入するさまざまなウイルスなどの病原体を撃退する力が高まるので、病気になりにくくなるのです。**

DATA

音楽療法で、免疫物質IgAの量が増加

▼だ液中の分泌型IgA量を測定した実験

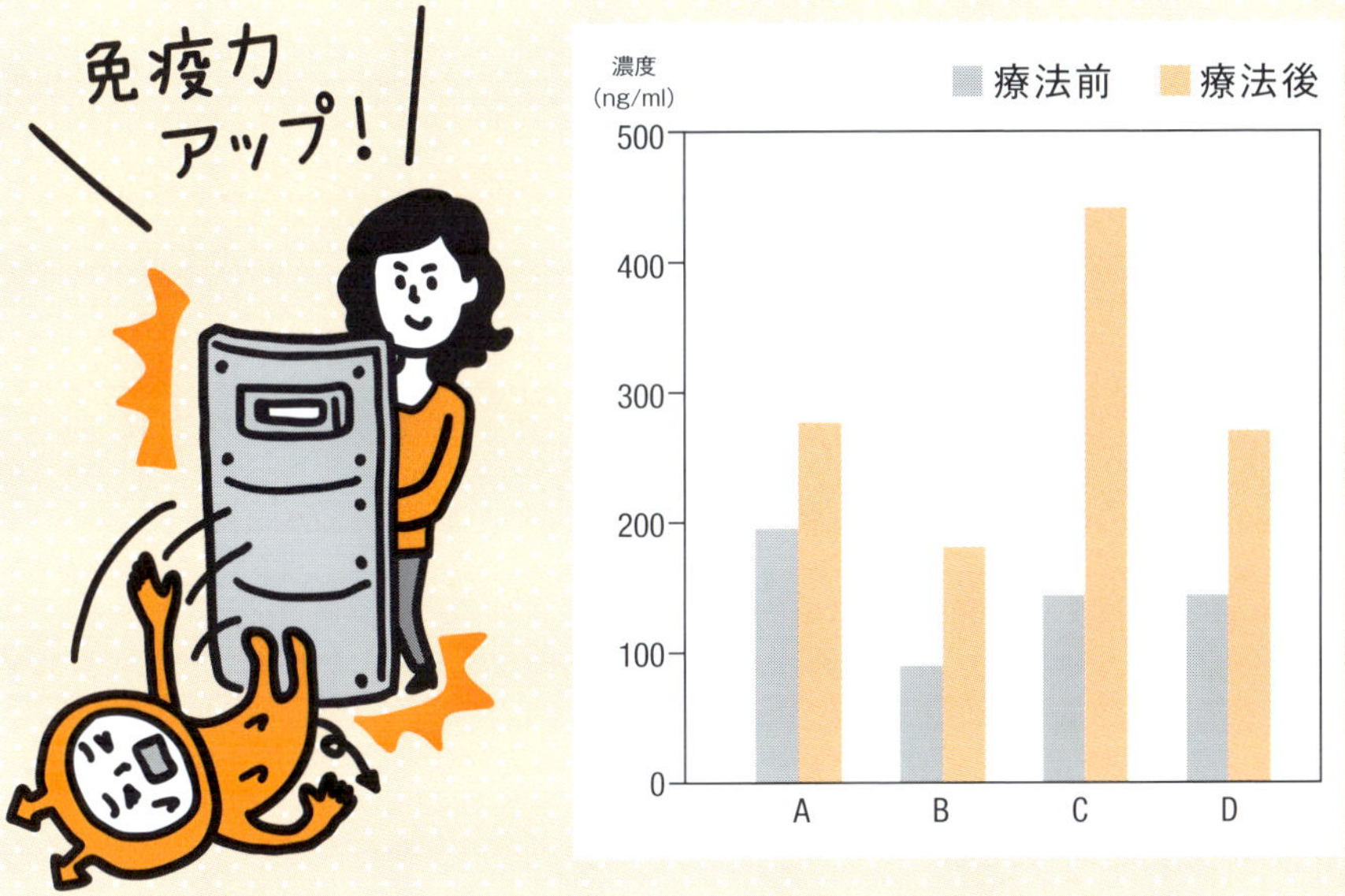

被検者４人に、モーツァルトの4000ヘルツ以上の周波数の曲を30分聞いてもらい、聞く前後に、だ液中の分泌型IgAの量を測定したところ、聞いた後に、4人ともIgAの量が格段に増加。

※CD6、７曲目に収録されている中村ゆりこさん作曲の曲でも同傾向の実験結果が得られています。

結論　ウイルスや病原体など異物の侵入を防ぎ、病気を予防

column 2

扁桃体を自分で鍛えて、ストレス耐性を高めよう!

ストレスがかかったときにストレス反応を引き起こすもとになる器官が脳の扁桃体。実はこの扁桃体は、ちょっとした方法で自分で鍛えることができ、それによってストレス耐性が高まります。**扁桃体は“不快”な感情によって興奮し、ストレス反応を引き起こしますが、これとは逆の“快”の感情で刺激すればよいのです。**たとえば、空をゆっくりと眺めるだけでもいいですし、森林に行って自然と触れ合うのも効果的。また、鏡を見てにっこりと笑うのもおすすめです。自分の笑顔を見ることで、扁桃体に“楽しいことがあるらしい”という“快”の情報が伝わるのです。それから、感情を表に出すのが苦手な人はストレスをためこみがちですが、嫌なことを心にためこまず、感情を吐き出すようにすることも扁桃体の強化につながります。そのほか、脳内を穏やかにする神経伝達物質・セロトニンの材料になるアミノ酸の一種“トリプトファン”を含む食材をとるのも有効。バナナや味噌汁、牛乳、豆乳などに多く含まれるので積極的に取り入れましょう。

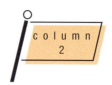

CHAPTER 3

効果的な音楽の聞き方

キラーストレス撃退に向いている音楽とは

前章でお話ししたように、キラーストレス対策に効果的なのが、**4000ヘルツ以上の高周波の音が含まれる音楽です。**自律神経を司る延髄に刺激を与え、副交感神経を優位にし、キラーストレスを防ぐのです。

この条件を満たしているのが、非常に高い周波数の音がたくさん含まれるモーツァルトの曲です。特に、ヴァイオリン曲やピアノ曲には、高周波音が豊富に含まれています。モーツァルトの曲には、音と音が衝突して、より高い音を生み出す〝倍音〟効果もあるうえ、〝ゆらぎ〟も含まれています。ゆらぎとは、一定の音の規則的なパターンと、不規則な音のパターンが決まったサイクルでくるもので、リラックス効果があり、副交感神経を優位にするのに特に効果的です。

4000ヘルツ以上の周波数の音を含む曲なら、モーツァルトでなくても効果が得られます。現代の作曲家が作った曲でもいいですし、中国の胡弓や、沖縄の三線の曲なども効果があることがわかっています。

それ以外では、528ヘルツの音が含まれた音楽は、消化管に分布する副交感神経に作用します。**音楽以外でも、ゆらぎ効果のある、風のそよぎや川のせせらぎ、滝の音など自然界の音も効果的です。**

こういった要素をもつ音楽や音なら、その音楽が好きか嫌いかに関係なく、副交感神経を優位にする効果が得られます。ロックなどの激しい音楽は、逆に交感神経を優位にしてしまうので、音楽療法的には、ストレスを抱えた人にはおすすめしません。

CDに収録されている曲を紹介♪

本書のCDに入っている曲は、集中して聞くと高周波音とゆらぎの効果で副交感神経が活性化するものを選んでいます。P50の効果的な聞き方を参考に、聞きましょう。

menu

1曲目

自然音　～清らかな川の調べ～

雪解けが始まる４月の山々に出かけると、雪解け水が流れる渓流のせせらぎ音が「ゆらぎ」とともに神秘的に聞こえてきます。静寂の中に身を置くと、心が清らかになり、心身が穏やかになって自律神経が安らいできます。

2曲目

自然音　～小鳥たちのさえずり～

早春の野山は小鳥たちのさえずりで満たされます。長かった厳しい寒さに耐え抜いた小鳥たちの喜びの歌声です。うぐいすの鳴き声には、心身を穏やかにする純粋な「サウンド」と魂に心地よく響く高い周波数音が含まれています。

3曲目

弦楽四重奏曲　第17番　変ロ長調　K.458「狩り」　第2楽章

この曲の冒頭部分のメロディが狩りに用いられる角笛の音楽に似ていることから、「狩り」として親しまれるモーツァルトの曲です。２つのヴァイオリンとビオラ、チェロの演奏によって、倍音とゆらぎが効果的に生まれ、非常に高い周波数音となります。この優雅な曲によって、副交感神経にスイッチが入り、血行が改善されていきます。

4曲目 ヴァイオリン協奏曲　第4番　ニ長調　K.218　第3楽章

自律神経が乱れると、免疫力が低下して微生物の感染を受けやすくなります。このモーツァルトの曲には、だ液腺や涙腺を刺激する音の特性が存在するため、そこに含まれる免疫物質の分泌量も高まります。ヴァイオリンの放つ高周波音に耳を傾けると、自律神経のバランスが整ってきます。

5曲目 ディヴェルティメント　第1番　ニ長調　K.136　第2楽章

ヴァイオリンとビオラ、そしてコントラバスが美しい旋律を奏で、響きのある伸びやかさが生じるモーツァルトの魅力的な曲です。目を閉じてこの曲に聞き入ると、ポカポカと体が温まるのを実感します。ストレスによって自律神経が乱れてくると、血行が悪くなり体温も低下します。こんなときに、この曲によって副交感神経を刺激すると、血管が拡張して深部の温かい血液が末端まで流れ、冷え性が改善されてくるのです。

6曲目 思いが叶う日　（作曲·演奏:中村由利子）

高い周波数と倍音に満ちた純粋で美しい曲で、自律神経が安らぎます。「思いはいつか叶う、そう信じていつも笑顔で過ごせたらどんなに素敵でしょう。みなさんの笑顔の毎日を願いながら書いた曲です。高周波音を使ったピアノのメロディと寄り添うようなギターの優しい音色に、心和んでいただけたらと思います」（中村さん）

7曲目 はじまりの空　（作曲·演奏:中村由利子）

過度にストレスがあると、さまざまな生活習慣病が生じてきます。そんなとき、副交感神経に作用する和音と倍音に満ちたこの曲に耳を傾けると、自然と心が穏やかになり、時間がゆったりと過ぎていきます。「いいことばかりではないけれど、見上げる空は今日もちがう表情で応援してくれているかのようです。新しい一日のスタートを、空を見上げながら明るい気持ちで迎えたい、そんな気持ちをヴァイオリンの高周波音を取り入れて、表現してみました。ゆらぎの効果で副交感神経を活性化し、心穏やかになっていただけますように」（中村さん）

集中力ややる気を高めて、仕事の効率を上げる効果も！

ここまで述べたように、このＣＤの曲には、副交感神経を優位にし、ストレスホルモンを減少させる効果があります。

この作用は、人間の集中力を高めるうえで大切であり、穏やかに冷静に仕事に打ち込める効果も期待できます。

人間の集中力は、脳神経生理学的にはおよそ40分しか持続せず、脳の疲労が重なり、生産性が低下することがわかっています。

集中して仕事をしているときは、緊張感も高まり、脳は活発に活動して交感神経が優位になっています。ただ、これが続く時間は短く、次第に脳細胞が疲労してくるので、集中力は低下してしまいます。

こんなときにこのＣＤを聞くと、副交感神経が刺激され、脳機能が休まるので、

再び仕事への集中力が高まります。いったん脳を休めることで、次の仕事の集中に備えることができ、結果的に仕事の効率がアップするのです。

副交感神経が優位になり、イライラが減るので、職場の人間関係が円滑になる効果も期待できます。これらの効果から、このCDを聞くことを習慣にすれば、仕事での成功や出世にもつながると期待されます。

ストレスに効くCDの聞き方

こんな聞き方が効果的

本書についているCDには、ストレスの緩和・軽減に効果のある曲が収録されています。このCDは、脳に作用する「音の薬」のようなものです。飲み薬と同じように、ある程度、正しい聞き方を守ることで、さらに効果的になります。

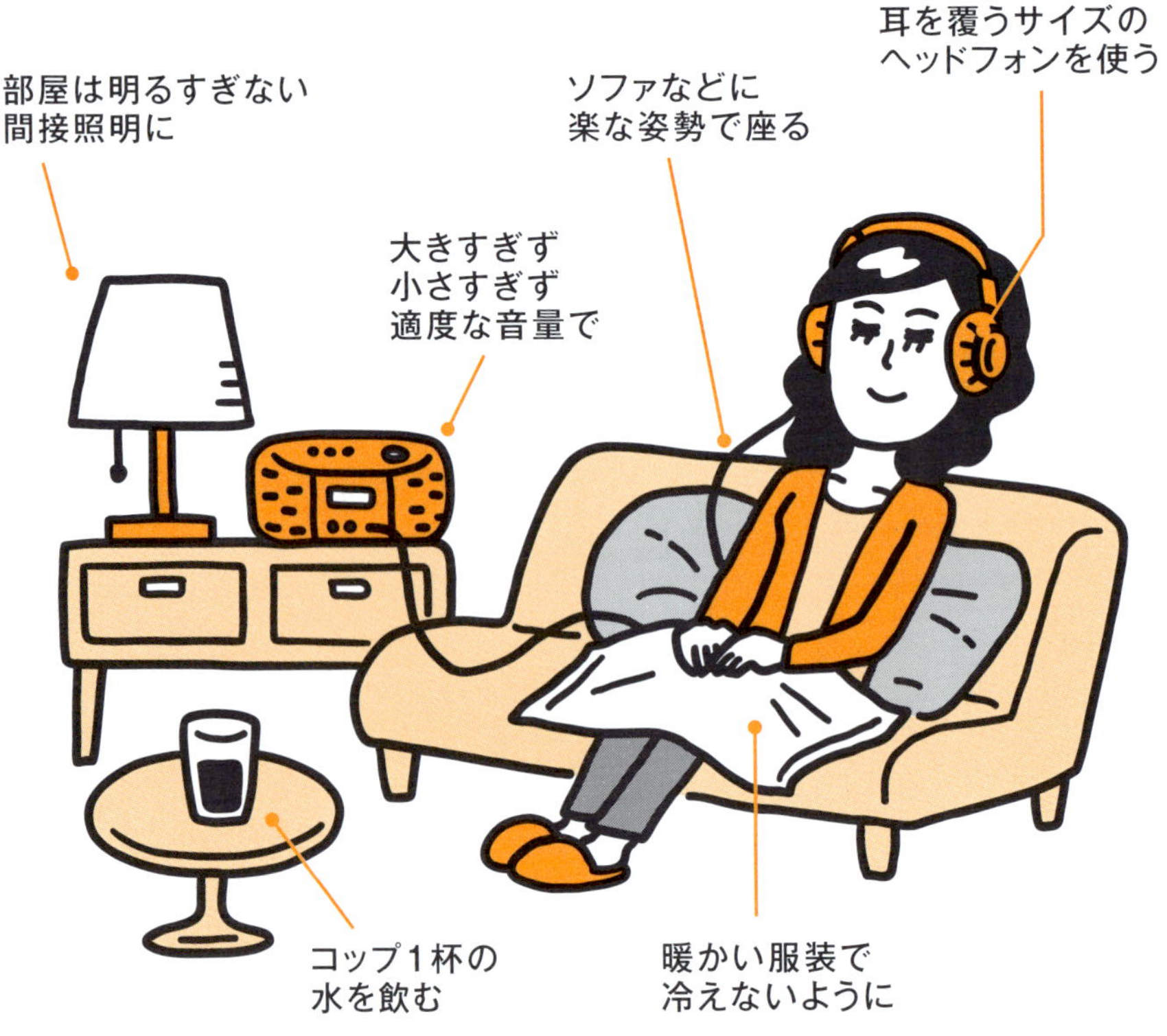
耳を覆うサイズの
ヘッドフォンを使う
部屋は明るすぎない
間接照明に
ソファなどに
楽な姿勢で座る
大きすぎず
小さすぎず
適度な音量で
コップ1杯の
水を飲む
暖かい服装で
冷えないように

Sound medicine

用量

軽いストレスや、ストレス予防には1日1回約40分（CDの収録時間）聞くだけでもOK。ストレスがかなりたまっていて、体の不調も出ている人は、1日3回聞くのが効果的。朝の仕事前に約40分、昼食後にも10～15分聞きましょう。午前中に過剰に優位になった交感神経にブレーキをかけられます。就寝前にも約40分聞きましょう。

用法

各自に適した音量で聞いてください。職場では難しいかもしれませんが、ヘッドフォンで聞くとより効果的。その場合は、耳殻で集音できるよう、耳をすっぽりと覆うような大きめのヘッドフォンがおすすめ。つけていて疲れない、自分に合ったものを選びましょう。職場で大きなヘッドフォンをつけて聞くのが難しい場合は、CDをMP3などにダウンロードして、イヤホンで聞いてもOK。

聞くときの環境

オフィスで聞く場合は、自分のデスクで聞いてもよいですが、職場の休憩室などで、なるべくゆったりできるイスに座って、リラックスできる体勢で聞くのがおすすめ。家で聞く場合は、ソファに座ったり、ベッドに横たわって聞きましょう。

注意事項

ヘッドフォンで聞く場合、聞く回数や時間を多くすれば効果が高まるというわけではありません。特に、空腹時は要注意。空腹なまま長時間聞き続けると、胃酸過多などの副作用が出ることも稀にあります。

ながら聞きでも十分効果が得られます

ストレスを抱えている人は、仕事などに追われて時間がなく、前ページで紹介したような方法で、集中して聞くのが難しい人も多いと思います。そんな場合は、仕事をしながら聞いたり、夜に寝ながら聞くといった“ながら聞き”でも十分効果は得られます。

ながら聞きの場合は、ヘッドフォンは使わず、時間や回数などを気にせず、BGMとして聞けばOK。ただし、仕事しながら聞く場合は、職場でＣＤや、MP3にダウンロードしたCDの曲をイヤホンで聞ける環境である場合に限ります。また、夜に寝ながら聞いてそのまま眠ってしまっても、聴覚は刺激されるので効果的です。その場合は、CDプレーヤーの「スリープ機能」をオンにするなど電源が切れるように設定しましょう。

POINT 1

仕事をしながら……

職場で音楽が自由に聞ける場合は、仕事をしながら聞きましょう。集中力が高まり、仕事の効率もアップします。イライラしたときや、緊張感が高まったときなどに聞くのもおすすめ。

POINT 2

寝ながら……

寝ながら聞くと、副交感神経が優位になり、スムーズに寝つけるようになります。そのまま寝てしまっても、聴覚は働いているので効果が得られます。

自分で音楽療法の効果をチェックしてみよう

音楽療法を行うと、副交感神経が優位になります。この効果が得られているかどうかを自分で簡単に調べることができます。

副交感神経が優位になると、だ液や消化液など、体から分泌される粘液の量が増えます。増えたかどうかを、自分で簡単に調べられるのがだ液です。

方法は簡単で、脱脂綿を4つ用意して、それを左右の奥歯で噛み、そのまま4分噛み続けます。4分噛んだら、脱脂綿をしぼって、その量を調べます。

次に、CDを聞いてから、同様に行い、聞く前と聞いた後で、しぼっただ液の量が増えていたら、副交感神経が優位になったということです。

ストレスが多い人は、最初はだ液があまり出ないと思いますが、CDを聞き続けることで徐々に分泌量が増えると思いますので、時々チェックしてみましょう。

だ液の量を調べて
音楽療法の効果を確認する!

次の方法で、CDを聞く前と後の、だ液の量を比べてみましょう。

STEP 1 脱脂綿を4つ用意する。

STEP 2 CDを聞く前に脱脂綿2つを左右の奥歯で噛み、そのまま4分噛み続ける。

STEP 3 脱脂綿をしぼって、だ液の量をチェック。

STEP 4 CDを聞いた後に、同じように脱脂綿2つを左右の奥歯で噛み、4分噛み続ける。

STEP 5 脱脂綿をしぼって、だ液の量をチェック。

結果 CDを聞いた後にだ液の量が増えていたら、副交感神経が優位になり、ストレスが軽減されているということ。

ほかにもある！　副交感神経を優位にする方法❶

38～40℃のお湯にゆっくりとつかる

音楽療法以外にも、副交感神経を手軽に優位にできる方法があります。

そのひとつが、入浴です。

副交感神経が優位になると、体温が上がりますが、逆のことも言えて、体を温めると、副交感神経が優位になります。

そして、最も手っ取り早く体を温められる方法が入浴です。おすすめの入り方は、38～40℃の熱すぎないお湯に、ゆっくりとつかることです。熱めのお湯は交感神経を優位にしてしまい、逆効果なので避けましょう。

ストレスが多い人ほど、忙しくて時間がないからと、湯船につからずシャワーで済ませてしまいがちですが、そんなときこそ、ゆっくり湯船につかるのがおすすめです。血行がよくなって疲れもとれ、体もラクになります。

体温は1℃上がると、免疫に関わるリンパ球の機能が25％以上も上がると言われているので、キラーストレスを防ぐためにも、毎日の入浴を習慣にしたいものです。

また、人間は、体温が下がったときに眠気をもよおしますが、寝る1時間ほど前に入浴をすると、ちょうど体温が下がり始めるころに眠気が訪れ、寝つきがスムーズになるので、ストレスで睡眠障害に陥っている人にもおすすめです。

ほかにもある！　副交感神経を優位にする方法❷

呼吸法を取り入れる

ストレスがかかっているときは、呼吸が浅くなるのを感じると思いますが、これは交感神経が優位になるためです。ひどくなると過呼吸を起こすこともあります。

反対に、副交感神経が優位になっているときは、吐く息が中心となり、ゆっくりと深い呼吸になります。

このしくみから、呼吸をコントロールすれば、自律神経のバランスを整えることができます。

つまり、ストレスを感じたときは、ゆっくりと深い腹式呼吸をするだけで、副交感神経にスイッチが切り替わり、心身がリラックスします。

特に効果的なのが、吐く息を長くする呼吸法です。

まずはゆっくりと鼻から息を吸ってみましょう。自分がラクに息を吸えるのが4

秒だったら、次に、吸ったときの2倍の8秒かけて、鼻から息を吐きます。これを5～10分ほど続けましょう。体がリラックスするのを感じると思います。

ストレスがたまって夜もイライラが収まらず、なかなか寝つけない人は、寝るときに布団の中で行ってみてください。寝つきがよくなり、睡眠の質も上がります。

仕事中にストレスを感じたときも、行ってみてください。

USENのオフィス向け音楽放送で、職場のさまざまな問題が改善!

最近、音楽療法をオフィスで取り入れている会社が増えつつあります。それが、株式会社USENが2013年から提供している、法人向けの音楽放送サービス『Sound Design for OFFICE』。これは、精神科医や産業医などの専門家の監修により、オフィス向けに、“集中力向上”、“リラックス”、“リフレッシュ” “気づき”の４つの機能をもつ音楽番組で構成されたBGMサービスです。副交感神経を優位にする音楽を職場で流すことで、メンタルヘルス対策や、生産性の向上、残業の低減などの職場の問題の解決につなげようという、音楽療法の新しい取り組みです。

今回の CDに収録されている曲の一部（6、7曲目）は、その中で私が監修している番組『Concentration ～働く人の集中力UP～』で放送されているものです。

『Sound Design for OFFICE』を導入している会社では、左ページのような効果があったことが報告されています。

『Sound Design for OFFICE』を導入している企業で報告されている効果

- イライラが減少して、職場環境が明るくなった。
- 仕事への集中力が高まり、
効率よく業務がこなせるようになった。
- 社員同士が穏やかに話す機会が増えて、
意思の疎通が図れるようになった。
- 身体の疲れが早く解消するようになった。
- 導入前より、残業が24%減った。

そのほか、『Sound Design for OFFICE』の導入後に、現在職場で義務付けられているストレスチェックの結果でも、導入前よりストレス度が低下し、心身が穏やかになり、仕事への取り組みも意欲的になったことなどが報告されています。
さまざまな企業での導入事例は、以下のUSENのサイトで確認することができます。

Sound Design for OFFICE

お問い合わせ・詳細はUSENインフォメーションセンターへ
0120-117-440
(受付時間9:00～22:30<年中無休>)
http://sound-design.usen.com

Epilogue

おわりに

〝最恐ストレスからあなたの自律神経を守りぬく〟CD、
お聞きいただけましたでしょうか?
聞いているうちに、心が落ち着いてくるのを感じたことと思います。
現代社会に生きる私たちにとって、ストレスは、切っても切り離せません。
そこで大切なのは、普段から自分なりの発散法や解消法を用意しておき、
ストレスがかかったときにすかさず実践することです。
賢くストレスマネジメントをすることが、
病気を未然に防ぐうえで欠かせないのです。

そのひとつの手段として、ぜひこのＣＤを活用してください。

音楽療法は、聞くだけで副交感神経が優位になることが実証された、ストレス対策に非常に有効な方法です。

最近では、音楽療法を病気治療にも役立てようという研究も進めており、実現する日はそう遠くないことでしょう。

音楽には、人を健康にするたくさんの要素が詰まっています。

ストレスフルな現代人に、音楽療法のＣＤは必需品です。

健康でいきいきと輝かしい人生を送るために、
このＣＤを役立てていただければ、うれしく思います。

埼玉医科大学教授
和合治久

聞くだけ！

最恐ストレスから あなたの自律神経を守りぬくCDブック

和合治久　著

埼玉医科大学保健医療学部教授。1950年生まれ。東京農工大学大学院修士課程修了後、京都大学にて理学博士号取得。免疫音楽医療学、腫瘍免疫学、アレルギー学、動物生体防御学などが専門。1990年代から、がん患者の不安や痛みを軽減するための音楽療法に携わるなど、日本の免疫音楽医療研究の第一人者でもある。著書に『粘膜力でぜんぶよくなる』『聞くだけ！　認知症にならないためのCDブック』（ともに小社）、『モーツァルトを聴けば免疫力が高まる！』（KKベストセラーズ）など多数。2015年、監修したCDが第57回日本レコード大賞・企画賞を受賞。

※本データは2017年 3 月現在のものです。

STAFF

イラスト　今井ヨージ
デザイン　関根僚子
構成　和田美穂
校正　鈴木初江
編集　川上隆子（ワニブックス）

制作協力　株式会社USEN
ナクソス・ジャパン株式会社

2017年3月11日　初版発行

発行者　横内正昭
編集人　青柳有紀
発行所　株式会社ワニブックス
〒150-8482
東京都渋谷区恵比寿4-4-9
えびす大黒ビル
電話　03-5449-2711（代表）
03-5449-2716（編集部）
ワニブックスHP　http://www.wani.co.jp/
WANI BOOKOUT　http://www.wanibookout.com/

印刷所　凸版印刷株式会社
製本所　ナショナル製本

ISBN978-4-8470-9552-8